Comment apprendre en s'amusant ?

par Carole Bloch

50MINUTES.fr

COMMENT APPRENDRE EN S'AMUSANT ?

- **Problématique ?** Pourquoi mon enfant n'aime-t-il pas l'école ? Pourquoi est-il de plus en plus démotivé, n'arrive pas à se concentrer ou à mémoriser correctement ses leçons ?
- **Objectifs ?** Transmettre des méthodes et des outils pratiques qui permettront aux enfants de s'épanouir et d'apprendre en s'amusant, et aux parents de les accompagner dans leur processus d'apprentissage.
- **FAQ**
  - Mon enfant refuse de se rendre à l'école. Comment savoir s'il fait un caprice ou s'il s'agit d'un problème plus sérieux ?
  - Comment savoir si mon enfant est victime de harcèlement ?
  - Mon enfant n'arrive pas à suivre le rythme de sa classe et semble constamment déconcentré. Dois-je consulter un spécialiste ?
  - Depuis que mon enfant a sauté une classe, il ne se sent pas à l'aise à l'école. Comment l'expliquer ?
  - Comment transformer les devoirs en un moment privilégié entre un parent et son enfant ?

« Mon garçon Sébastien a neuf ans et est inscrit dans l'enseignement élémentaire. Ses soucis à l'école ont commencé l'année dernière. Chaque matin, il se plaint de maux de ventre et se met à pleurer, angoissé à l'idée d'aller en classe. Son désintérêt pour les études et son anxiété se ressentent dans son apprentissage : il retient difficilement ses tables de multiplication ; il prend un temps considérable à préparer ses dictées et les stratégies qu'il met en place pour retenir ses leçons lui demandent beaucoup d'énergie. La maîtresse de Sébastien nous a déjà convoqués à plusieurs reprises pour nous parler du manque d'attention et de motivation de notre fils, mais la situation ne s'améliore pas. » (Lucie, maman de trois enfants)

Sébastien n'est pas un cas isolé. De nos jours, de plus en plus d'enfants sont démotivés par l'école et se trouvent assaillis de doutes, de craintes et d'angoisses (« je suis nul », « je n'y arriverai jamais », « je ne comprends rien », « les autres vont se moquer de moi », etc.). Comment expliquer ce manque d'enthousiasme qui affecte de plus en plus d'élèves qui disent s'ennuyer à l'école ou redouter d'y aller, et qui, pour certains, finissent en décrochage scolaire ?

Pour faire aimer l'école à votre enfant, il faut l'encourager à y trouver du sens et du plaisir. Dans cet ouvrage, vous trouverez des méthodes et des comportements à mettre en place afin d'insuffler confiance en soi et en l'autre, optimisme, plaisir d'apprendre et connaissance de soi à votre enfant. Autant de valeurs qui devraient être à la base de toute expérience scolaire.

D'OÙ VIENT SON DÉSINTÉRÊT POUR L'ÉCOLE ?

LA STRUCTURE D'APPRENTISSAGE ET L'ENVIRONNEMENT

Il n'est pas toujours facile de comprendre pourquoi son enfant se désintéresse soudainement de l'école alors qu'il s'y rendait autrefois avec plaisir. Les raisons peuvent être compliquées à mettre au jour, car elles sont souvent multiples. Bien souvent, la réponse est à chercher dans son environnement scolaire : un enseignement qui ne lui correspond pas, une structure inadaptée, un camarade ou un professeur qui le harcèle, etc.

Le système scolaire

L'école privilégie généralement les enfants qui possèdent une intelligence logico-mathématique ou encore langagière. Il en existe pourtant bien d'autres, encore méconnues du système scolaire. Bien souvent, ce dernier ne permet pas aux élèves d'apprendre en suivant leur propre méthode ou ne tient pas compte de leur manière d'aborder l'information. Le programme scolaire doit être suivi à la lettre et les enfants n'ont d'autre choix que de s'y soumettre.

Dans ces cas-là, une remise en question peut s'avérer nécessaire. Vous aviez peut-être jeté votre dévolu sur un établissement particulier, car il bénéficiait d'une excellente réputation ou d'un taux de réussite très élevé. Toutefois, n'est-il pas plus important de privilégier le bien-être de votre enfant et de vous assurer qu'il éprouve du plaisir à se rendre à l'école ? Le développement de son estime de soi et de sa personnalité doit-il être sacrifié sur l'autel de la performance ? Un enfant épanoui s'ouvrira bien plus facilement à la connaissance et sera curieux de tout.

Le rapport aux autres

Si le système scolaire n'est pas en cause, il est possible que votre enfant ait tout simplement peur de se rendre à l'école. De nos jours, il est de plus en plus fréquent d'entendre des élèves se plaindre de harcèlement, qu'il soit causé par un camarade de classe ou, parfois même, par certains professeurs.

Selon Eduscol, il « se définit comme une violence répétée qui peut être verbale, physique ou psychologique » et prend sa source dans le rejet de la différence. (« Le harcèlement en milieu scolaire », in *Eduscol.education.fr*) Ce genre de situation difficile se présente davantage vers la fin de l'école primaire et durant les années de collège. Les conséquences peuvent être graves, à court comme à long terme. De fait, les effets pourront se faire ressentir tant au niveau physique (maux de tête, de ventre) que psychologique (anxiété, perte d'estime de soi) et entraîner des situations à prendre très au sérieux comme un décrochage scolaire ou un isolement social. Dans les cas extrêmes, l'enfant peut même développer un comportement auto-destructeur, voire suicidaire.

Si le harcèlement est plus courant entre élèves, il arrive parfois qu'un professeur s'en prenne moralement à un enfant et s'acharne à le rabaisser ou à le pousser dans ses derniers retranchements en lui donnant, par exemple, de mauvaises notes injustifiées, en le punissant de façon répétée sans aucune raison valable, en l'humiliant devant ses camarades, etc.

Pour les parents, il est primordial de savoir détecter tout changement inhabituel dans le comportement de leur enfant (maux de ventre, troubles du sommeil, perte d'appétit, de motivation, de joie de vivre), car ces signaux peuvent être des alertes d'un malaise sous-jacent.

FACTEURS INTERNES

D'autres facteurs liés directement à l'enfant pourraient également expliquer son refus d'aller à l'école.

Dans le cas où un jeune écolier présente des caractéristiques particulières telles qu'une extrême sensibilité, un raisonnement en arborescence ou encore un questionnement existentiel, il serait intéressant d'aller consulter un spécialiste et d'envisager de réaliser des tests pour éventuellement déceler un quotient intellectuel supérieur à la moyenne qui pourrait expliquer son mal-être et sa démotivation. L'enfant surdoué, ou HP (« haut potentiel »), s'ennuie souvent en classe, car sa pensée est très rapide. Il comprend tout plus vite que la moyenne, et la leçon perd donc rapidement son intérêt. Sa forme de raisonnement l'entraîne également à trouver la réponse d'un problème – qu'il soit scientifique, mathématique ou logique – sans pouvoir fournir les étapes qui l'y ont conduit, ce qui peut lui porter préjudice et le mettre en marge des méthodes scolaires standards appliquées dans les écoles.

A contrario, un enfant peut également montrer des signes traduisant un trouble de l'apprentissage. S'ils ne sont pas dépistés dès la maternelle ou lors des premières années de l'école primaire, ces troubles peuvent mener à un échec scolaire, car l'élève devra fournir d'énormes efforts pour compenser ses lacunes et suivre le rythme imposé par le système mis en place dans les écoles. Il est donc impératif pour les parents de détecter ces dérèglements et de proposer à leur enfant des solutions adéquates, comme le recours à un orthophoniste. Parmi ces troubles, citons :

- **la dyslexie** qui se caractérise par une difficulté à identifier les mots et à associer les sons aux graphèmes. On parle de trouble de la lecture ;

- **la dyscalculie** qui se traduit par des difficultés à compter, à dénombrer ou encore à reconnaître immédiatement les petites quantités ;
- **la dyspraxie** qui concerne des troubles du développement moteur. L'enfant a du mal à coordonner ses gestes, et des tâches simples en apparence, comme lacer ses chaussures ou s'habiller, deviennent rapidement fastidieuses ;
- **la dysphasie** qui affecte le développement oral de l'élève, qui ne parvient pas à construire correctement ses paroles ou à maîtriser la syntaxe.
- **le TDA/H** (« trouble déficitaire de l'attention et hyperactivité ») qui se caractérise par des difficultés à diriger et à maintenir son attention lors d'une tâche spécifique.

COMPRENDRE LE PROFIL COGNITIF DE SON ENFANT

COMMENT FONCTIONNE LE CERVEAU ?

Les quatre dimensions du cerveau

Le modèle ANC, « Approche neurocognitive et comportementale », a été conceptualisé par Jacques Fradin, docteur en médecine, comportementaliste et cognitiviste français, dans le courant des années quatre-vingt-dix et fait depuis l'objet de recherches continues. Cette approche s'appuie sur une synthèse entre les sciences de la psychologie et les sciences du cerveau. Elle nous fait découvrir quatre dimensions cérébrales distinctes apparues successivement, qui endossent chacune un rôle particulier dans nos prises de décisions et dans nos réactions.

Comment expliquer à son enfant que lorsqu'il stresse pour aller à l'école, quand il se sent nul, qu'il est démotivé, c'est la partie la plus archaïque de son cerveau qui prend le contrôle ? Comment l'aider à faire taire ces petites voix intérieures ? Il s'agit tout d'abord de comprendre comment notre cerveau fonctionne et comment ces quatre territoires cérébraux influencent notre vie.

Les quatre territoires du cerveau

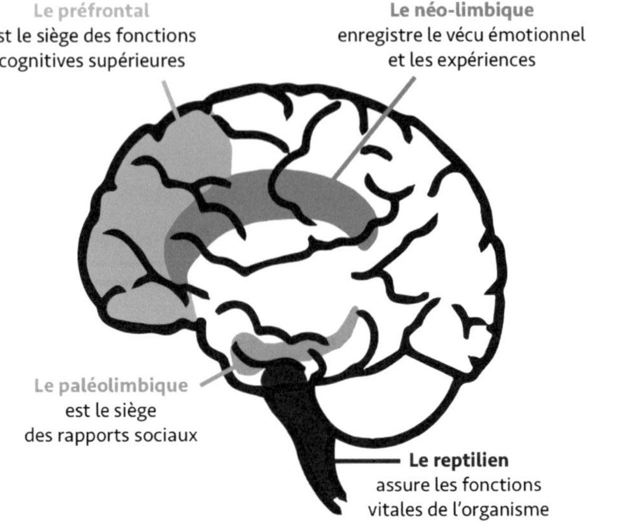

- **Le cerveau reptilien** est le centre décisionnel le plus ancien de nos quatre cerveaux. Il renferme tous les instincts de survie comme la faim, la soif ou encore la respiration. Il est mature dès notre naissance et est inconscient. En situation de danger, il transmet des messages de stress ou d'angoisse qui provoquent la fuite, la lutte ou l'inhibition.
- **Le cerveau paléo-limbique** est le siège des rapports sociaux. Pour pérenniser l'espèce, l'homme doit survivre en assouvissant ses besoins primitifs, mais il doit également pouvoir éliminer les menaces extérieures. On y retrouve la confiance en soi, mais aussi en l'autre, ainsi que les rapports de force.

LE SAVIEZ-VOUS ?

Une remarque négative aura beaucoup plus d'impact que dix remarques positives, car l'être humain est programmé pour repérer les situations qui pourraient mettre en péril la survie de l'espèce. Prenez donc garde aux mots que vous prononcez à vos enfants, ne les dévalorisez pas et évitez de les comparer aux autres.

- **Le cerveau néo-limbique** engrange dès la naissance tout le vécu émotionnel associé aux expériences. Il est ni plus ni moins que notre disque dur. Il est ainsi le siège de tous nos apprentissages scolaires et éducationnels. Il participe au développement des goûts, des préférences, des peurs et à l'acquisition des automatismes indispensables. À travers lui, l'enfant perçoit son environnement dès son plus jeune âge et crée des liens avec ses expériences passées, qu'elles soient agréables ou non.
- **Le cerveau préfrontal** représente la somme de notre intelligence. En formation progressive depuis la naissance jusqu'à l'âge adulte, il permet l'accès à la logique, à la nuance, à l'intuition et tend à faire baisser le stress. Il facilite la prise de recul et permet une meilleure adaptation au monde extérieur. Lorsqu'un enfant est stressé et ne ressent aucun plaisir à apprendre, il lui est difficile d'avoir accès à cette partie du cerveau, car les étages inférieurs le bloquent.

Pour mieux comprendre le fonctionnement de ces différents centres décisionnels et leur impact sur l'enfant, Françoise Roemers-Poumay propose dans son guide méthodologique *La pédagogie des Octofun* une métaphore très éclairante. Elle présente le cerveau comme une maison à trois étages et utilise le symbole du feu vert et du feu rouge pour expliquer les blocages susceptibles d'entraver le développement de l'enfant.

Selon ses explications, le rez-de-chaussée correspondrait au territoire reptilien, qui contrôle nos instincts de survie. Si l'enfant se sent en sécurité, il peut faire taire ce centre décisionnel et ainsi se donner le feu vert pour monter au premier étage, qui correspond au cerveau paléo-limbique, à savoir le centre de nos rapports avec les autres. Si l'enfant se sent épanoui dans ses relations avec autrui et qu'il a confiance en lui, il grimpe à l'étage supérieur. Le cerveau néo-limbique représente ce deuxième étage. Il gère les émotions et les préférences de l'individu. On lui doit notre unicité. Si aucune émotion négative (peur, angoisse, agacement) ne vient nous gêner, le feu est vert et on atteint le dernier étage, le cerveau préfrontal. Celui-ci est très utile en milieu scolaire, puisqu'il permet d'appréhender les informations, de les analyser et de les mémoriser.

En expliquant à l'enfant comment le cerveau fonctionne, vous lui offrez la possibilité de comprendre ce qui se passe en lui, d'apprendre à se connaître, à prendre conscience de ses sentiments pour pouvoir les maîtriser et à ainsi devenir acteur de son apprentissage et non plus spectateur dépendant de ses moindres émotions.

LES INTELLIGENCES MULTIPLES

Introduite dans les années quatre-vingt par le psychologue américain Howard Gardner, la théorie des intelligences multiples offre des éléments de réponse à la question de l'échec scolaire chez l'enfant. En s'attardant sur les capacités cognitives de l'individu et leur développement, Gardner s'est aperçu qu'il n'existait pas une forme d'intelligence unique, mais plusieurs. Dans sa théorie, il en distingue huit. Si l'être humain les maîtrise toutes, certaines sont prédominantes dans sa manière d'aborder le monde et l'apprentissage :

- **l'intelligence logico-mathématique** correspond au raisonnement logique, aux expériences scientifiques systématiques. On la retrouve entre autres chez les mathématiciens, les scientifiques ou les policiers ;
- **l'intelligence verbo-linguistique** est particulièrement développée chez les écrivains, les journalistes ou encore les avocats. Elle se caractérise par une forte sensibilité aux structures linguistiques et un intérêt prononcé pour l'art du discours ;
- **l'intelligence musicale** englobe toutes les compétences relatives à la rythmique et aux sons. Les personnes chez qui cette forme d'intelligence est très développée s'intéressent particulièrement à la musique, jouent d'un instrument ou fredonnent à longueur de journée ;

- **l'intelligence kinesthésique** est l'aptitude de l'individu à utiliser son corps dans son intégralité et à maîtriser ses talents manuels. Elle est prédominante chez les athlètes, les sculpteurs, les comédiens et les danseurs ;
- **l'intelligence intra-personnelle** est reliée à la connaissance de soi, à l'introspection. Elle est très présente chez les philosophes et les thérapeutes par exemple ;
- **l'intelligence interpersonnelle** est la capacité à se lier à l'autre, à entrer en relation avec le monde extérieur et à éprouver de l'empathie pour autrui. Cette intelligence est très marquée chez les personnes évoluant dans un métier à dimension sociale (institutrice, aide-soignante, assistance sociale, etc.) ou pratiquant le volontariat ;
- **l'intelligence spatiale** correspond à la perception du monde et à la faculté de s'en représenter une image mentale fidèle et précise. Les architectes, ingénieurs, pilotes ou encore photographes possèdent le plus souvent cette intelligence ;
- **l'intelligence naturaliste**, pour finir, permet de classer, de structurer et d'organiser les éléments naturels – faune et flore. Les personnes chez qui cette intelligence domine sont analytiques et observatrices et se tournent généralement vers des métiers ou des activités qui leur permettent de développer ces aptitudes, à savoir archéologue, botaniste, jardinier ou encore vétérinaire.

Comprendre les affinités intellectuelles de votre enfant pourra vous aider à le guider dans son apprentissage et à lui proposer des méthodes auxquelles il sera réceptif.

LA GESTION MENTALE

Antoine de La Garanderie, philosophe et pédagogue français, a développé dans les années soixante-dix une théorie visant à établir des profils pédagogiques sur base des « gestes mentaux d'apprentissage » propres à chaque enfant. Selon lui, chaque individu possède sa propre technique de compréhension, de mémorisation et de restitution d'une information reçue. Ce concept, auquel il a donné le nom de gestion mentale, a donc réussi à mettre en évidence les différents mécanismes cognitifs intervenant dans la réflexion et l'apprentissage.

Pour qu'un enfant puisse évoluer et engranger les informations nécessaires à son développement scolaire, plusieurs facteurs sont à prendre en compte et à ne pas négliger : le projet, l'évocation et les gestes mentaux. En effet, la stratégie d'apprentissage ne sera pas la même si votre enfant doit retenir une comptine, des dates d'événements historiques ou la liste des tâches ménagères. Définir son projet, ses objectifs et ses exigences lui permettra de mettre en place une méthode efficace et adaptée.

L'évocation est probablement le concept le plus important de la théorie d'Antoine de La Garanderie. Chaque individu se représente l'information de manière différente et utilise des méthodes d'évocation propres qui l'aideront par la suite à restituer ce qu'il a appris. La gestion mentale a défini trois profils spécifiques qui correspondent chacun à un canal d'évocation particulier sur lequel s'appuie l'élève pour s'imaginer l'information :

- **l'évocation visuelle** :
  - transformation des informations textuelles en informations visuelles (dessins, schémas, etc.) ;
  - utilisation des couleurs et surlignages.
- **l'évocation auditive** :
  - répétition orale ou mentale des informations ;
  - écoute des leçons sur un support audio.
- **l'évocation kinesthésique** :
  - ressenti des mouvements, des sensations, des odeurs et des goûts ;
  - recours aux gestes, à la mobilité pour apprendre ses leçons.

Pour de La Garanderie, cinq gestes mentaux sont à distinguer :

- **le geste d'attention** correspond à la mise en projet – à l'évocation – de ce qui va être perçu par l'un ou l'autre de nos cinq sens. Un parent ou un professeur pourra mobiliser l'attention de l'enfant en lui disant par exemple : « regarde ce que je vais te montrer », « écoute ce que j'ai à te dire » ou encore « goûte cela pour me dire ce que tu en penses » ;
- **le geste de mémorisation** consiste à faire revenir ses évocations dans le but de les restituer d'une manière précise. On mémorise généralement pour un projet à court, moyen ou long terme ;
- **le geste de compréhension** permet de faire un aller et retour permanent entre ce qui est perçu et ce qui est évoqué pour trouver le sens des nouvelles informations. Comprendre, c'est s'approprier la connaissance et la restituer avec ses propres mots ;
- **le geste de réflexion** est complètement dépendant des étapes précédentes. Il consiste à aller piocher, dans ses acquis, les notions ou la théorie qui servira à penser la tâche à accomplir ;
- **le geste d'imagination créatrice** avec lequel l'enfant pourra imaginer, découvrir ou inventer de nouvelles pistes à partir de ce qu'il connaît déjà. Ce geste permet de sortir d'un cadre logique et de faire des rapprochements qui peuvent solliciter l'intuition.

Par cette théorie, les enfants comprennent comment ils fonctionnent et quelles sont les stratégies d'étude les plus adaptées à leur profil pédagogique. Les parents et les enseignants réaliseront, quant à eux, qu'il est peut-être normal que l'enfant ne saisisse pas leurs explications : ils ont tous simplement des mécanismes d'apprentissage différents.

AIDER SON ENFANT À APPRENDRE AVEC PLAISIR

DES MÉTHODES PÉDAGOGIQUES INNOVANTES

Le *Brain Gym*®

Le *Brain Gym*®, ou éducation kinesthésique, a été créé dans les années quatre-vingt par Paul Dennison, docteur en sciences de l'éducation. Il consiste en une approche éducative qui utilise des mouvements corporels spécifiques pour améliorer nos capacités, en particulier celles de l'apprentissage. Ces exercices permettent aux enfants d'améliorer leur mémoire, leur concentration, leur compréhension, leur organisation, leur communication et leur confiance en soi.

Les 26 mouvements qui constituent cette méthode pédagogique sont classés en trois catégories, selon leur application. On distingue les exercices favorisant :

- **la latéralité**. Ils améliorent les facultés communicatives et font circuler de l'énergie dans les deux hémisphères cérébraux ;
- **le centrage**. Ils ont pour objectif une meilleure organisation et plus de sérénité ;
- **la focalisation**. Ces exercices agissent au niveau de la compréhension.

En découvrant les activités suivantes, vous réaliserez que certaines zones du cerveau restent inactives si elles ne sont pas stimulées, ce qui explique parfois que les enfants n'assimilent pas certaines leçons à l'école ou ne retiennent pas une information que vous leur avez pourtant expliquée plusieurs fois.

Parmi les exercices de *Brain Gym*®, le PACE (Positif Actif Clair Énergique) occupe une place privilégiée. À chaque initiale de cet acronyme correspond un mouvement spécifique dont le but est de connecter les différentes parties du cerveau. Pour :

- retrouver un bon équilibre, une estime de soi, gagner en concentration, en attention et en écoute de manière **positive** : croisez les chevilles ; étendez les bras devant vous et croisez les poignets. Entrelacez ensuite les doigts et repliez les mains ainsi liées devant la poitrine. Gardez la position pendant environ une minute, en respirant calmement, les yeux ouverts ou fermés. En inspirant, établissez un contact entre la langue et l'extrémité du palais, derrière les incisives. À l'expiration, relâchez la langue ;
- stimuler les deux hémisphères cérébraux et améliorer les compétences en lecture, écriture et compréhension en étant **actif** : trouvez une position debout détendue et traversez la ligne médiane en déplaçant un bras vers la jambe opposée qui se lève, de façon à ce que votre main rejoigne le genou. Alternez tranquillement. Une fois que vous vous sentez à l'aise dans cet exercice, variez les mouvements ;
- améliorer l'irrigation du flux sanguin dans le cerveau et gagner en concentration en y voyant **clair** : d'une main, placez le pouce et l'index dans les espaces creux situés juste sous les clavicules, de part et d'autre du sternum ; placez l'autre main sur le ventre, au niveau du nombril. Frottez pendant une trentaine de secondes en déplaçant le regard lentement de droite à gauche en suivant une ligne horizontale, sans bouger la main inférieure. Inversez la position des mains et recommencez l'exercice ;
- se donner l'**énergie** nécessaire pour bien apprendre : buvez beaucoup d'eau, pure de préférence. Elle améliorera l'activité électrique du cerveau et du corps et par conséquent diminuera le niveau de stress. (Dennison (Paul et Gail), *Brain Gym. Le mouvement : clé de l'apprentissage*, Le Souffle d'Or, 2010)

Les différents mouvements proposés auront des effets très béné-
fiques sur l'enfant et sur son développement. En effet, ils permettront
non seulement de maintenir une bonne flexibilité du cerveau et du
corps, mais ils amélioreront aussi les capacités de concentration,
d'attention et de mémorisation de l'élève. La neuroplasticité du
cerveau et les connexions entre les deux hémisphères seront inten-
sifiées. Enfin, votre enfant redécouvrira le plaisir d'apprendre grâce
à cette méthode ludique qui l'invite à se mettre en mouvement et à
se recentrer en musique, en groupe ou en famille, mais surtout en
s'amusant.

LE SAVIEZ-VOUS ?

La neuroplasticité correspond à la capacité de nos neurones à s'adapter aux chan-
gements qui s'opèrent dans leur environnement ou au sein même de l'organisme.

Le *Mind Mapping*

Théorisé par le psychologue anglais Tony Buzan dans les années soixante-dix, cet outil consiste à représenter l'information de manière spatiale, visuelle et graphique sur une feuille au format paysage plutôt que de manière linéaire comme nous avons l'habitude de le faire.

Concrètement, l'exercice consiste à cartographier ses idées en partant du thème principal, qui occuperait la place centrale du dessin, autour duquel viendraient s'accoler plusieurs branches représentant une idée annexe ou un développement supplémentaire, le tout bien entendu illustré à l'aide de symboles, d'images, de dessins, d'expressions, etc.

Le *Mind Mapping*

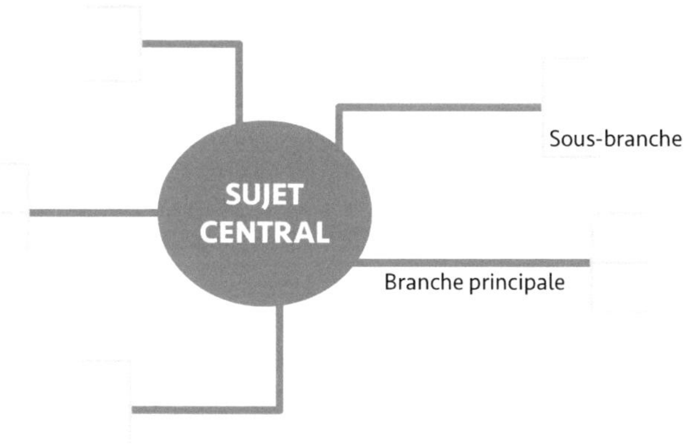

Le *Mind Mapping* sollicite l'ensemble des capacités du cerveau en nous poussant à utiliser les mots, les images, les nombres, les couleurs, la logique, le rythme, l'intuition, la conscience de l'espace. Il libère le potentiel créatif, clarifie et enrichit la pensée, facilite l'apprentissage et d'une manière générale augmente les performances en termes de rapidité et de richesse des résultats obtenus. Réunissant plusieurs intelligences, la carte heuristique ainsi obtenue permet à de nombreux enfants d'acquérir des aptitudes et des connaissances plus efficacement et de retrouver le plaisir d'apprendre !

EXERCICE : RÉALISEZ VOTRE PROPRE *MIND MAP*

Prenez une feuille vierge, sans ligne et tournez-la dans le sens horizontal (format paysage). Cela permet une meilleure vision de l'ensemble.

Placez le sujet principal au centre de la feuille, le thème doit être le plus précis possible. Si votre enfant révise une leçon d'histoire, écrivez le titre exact du cours afin que les idées jaillissent. Par exemple : « Les chevaliers au Moyen Âge » plutôt que simplement « Histoire ».

Tracez ensuite les branches principales en partant du cœur pour créer l'arborescence d'idées de l'enfant. Celles-ci porteront les grands thèmes ou questions qu'il devra développer (Où ? Quand ? Comment ? Pourquoi ?) et devront disposer d'une image ou d'une expression-clé.

Dessinez ensuite les rameaux suivants, dits « secondaires », qui soutiendront les idées périphériques. Veillez à ce que chaque branche soit de la longueur du mot qu'elle supporte et la plus horizontale possible afin de permettre une bonne lisibilité et de pouvoir traiter l'information rapidement.

Il est important d'écrire les mots sur les branches, ni au bout, ni en dessous, ni au-dessus. En effet, les deux éléments doivent constituer une unité d'information indissociable. Inutile également de noter de longues phrases, un terme unique est suffisamment porteur de sens.

Insérez ensuite des images ou réalisez de petits pictogrammes simples qui évoquent l'idée de votre enfant. Ils l'aideront à créer un lien direct avec l'information à retenir, car une illustration fait appel à nos sens et à nos émotions. L'évocation efficace d'une idée en facilite la mémorisation.

Ajoutez enfin de la couleur aux branches, pour que la représentation de la leçon soit plus colorée, plus gaie, plus jolie à regarder. Cela donne tout simplement davantage envie d'apprendre qu'une page de cahier plus ou moins bien écrite !

L'intérêt de ce topogramme est que vous pouvez le construire avec votre enfant. Vous tracez la carte, posez les questions et il y répond en dessinant les branches et en les coloriant. En collaborant pour mettre en images ses idées et ses réflexions, l'enfant participe activement à son processus d'apprentissage.

La psychologie positive

Notre culture et notre éducation tendent à ne nous faire voir que le négatif et à ne pointer que les erreurs. Que pensez-vous qu'il se passerait dans la tête d'un enfant si on lui proposait de ne plus voir une faute comme un échec, mais plutôt comme une expérience, de l'encourager aussi souvent que possible, plutôt que de le dévaloriser ?

C'est l'objectif de la psychologie positive, un courant initié par Martin Seligman, psychologue américain, à la fin des années quatre-vingt-dix qui compte parmi ses pionniers le célèbre psychologue et chercheur hongrois Mihaly Csikszentmihalyi. Cette branche de la psychologie cognitive, que l'on surnomme parfois psychologie du bonheur, est définie par Gable et Haidt comme étant « l'étude des conditions et processus qui contribuent à l'épanouissement ou au fonctionnement optimal des individus, des groupes et des institutions » (GABLE (Shelly) et HAIDT (Jonathan), « What (and why) is positive psychology? », *Review of General Psychology*, n° 9, 2005, p. 103-110.). En d'autres termes, son objectif est d'améliorer le bien-être des personnes plutôt que de soigner leur mal-être.

Cette approche pédagogique met l'accent sur le développement des forces et des potentialités qui s'expriment en chacun de nous. Plutôt que de céder à la tentation de voir ce qui ne va pas, la psychologie positive est un appel aux talents de l'être humain pour capitaliser ce qui fonctionne et ce que l'on peut améliorer.

L'école n'enseigne pas le bonheur, mais peut-être le devrait-elle ? Apprendre à son enfant dès son plus jeune âge des notions telles que l'optimisme, la gratitude, la confiance, la bienveillance, l'accueil des émotions, l'écoute, l'empathie, le respect de soi et d'autrui, la coopération, le partage ou encore l'honnêteté lui permettra d'être plus créatif, de se sentir plus libre de tenter de nouvelles expériences et plus confiant. Un enfant valorisé, encouragé et reconnu qui évolue dans un environnement serein pourra développer son plein potentiel dans la joie et la satisfaction.

Certaines écoles ont d'ailleurs compris les bienfaits d'une telle méthode et ont commencé à utiliser la psychologie positive sur leurs élèves. Mais en tant que parents vous avez également votre rôle à jouer !

- Soulignez ce qu'il fait de bien, ses qualités, ses attentions, ses réussites et ses talents. Ces compliments lui donneront un regain d'énergie et renforceront sa confiance en lui.
- Exprimez votre gratitude. Remerciez-le d'avoir rangé sa chambre ou de vous avoir aidé pour les tâches ménagères.
- Apprenez à repérer ses pensées négatives et aidez-le à s'en débarrasser. Discutez avec votre enfant de ce qui pourrait arriver dans la journée. L'idée est de ne pas avoir peur de parler des événements à venir et de se concentrer sur les joies potentielles plutôt que sur les craintes liées à l'inconnu.
- Changez l'opinion qu'il a de lui-même. Encouragez-le à modifier son point de vue. Par exemple, s'il vous dit qu'il a raté son contrôle de mathématiques parce qu'il est stupide et qu'il n'y arrivera jamais, demandez-lui comment il pourrait agir pour réussir la prochaine fois, interrogez-le sur sa manière d'étudier, etc. Ces questions le mèneront à réfléchir et à prendre du recul. Il réalisera peut-être qu'il ne comprenait simplement pas le problème et qu'il a besoin de s'exercer davantage.

- Félicitez-le pour ses progrès et récompensez ses efforts, même si le résultat final n'est pas encore celui qu'il espérait.
- Soyez un constructeur de compétences. Les aptitudes de l'enfant se développent progressivement. En fonction de son âge, faites-lui réaliser de petites tâches faciles à accomplir qui lui donneront confiance en lui tout en apprenant.

Il est reconnu que les émotions positives ont un impact important sur la réduction du stress et des toxines ainsi que sur la stimulation de la créativité. Chez l'enfant également, l'optimisme a de nombreux bienfaits :

- une meilleure santé ;
- une plus grande performance scolaire ou extrascolaire ;
- la motivation pour continuer d'avancer quand les contraintes ou les obstacles se présentent.

La méthode des Octofun

Cette méthode pédagogique a été créée en 2013 par Françoise Roemers-Poumay, institutrice primaire pendant 25 ans et aujourd'hui formatrice pour enseignants et conférencière. Pour mettre au point cette approche, elle s'est inspirée de la théorie des intelligences multiples, mais également de la gestion mentale et de la psychologie positive, et a trouvé une solution pour l'adapter spécifiquement aux enfants. Une idée de génie ! Son objectif ? Stimuler le potentiel de chacun grâce à huit boules d'énergie présentes en chacun de nous et auxquelles l'enfant peut facilement s'identifier.

- **Mathifun** : il correspond à l'intelligence logico-mathématique. Pour encourager l'enfant à développer ce potentiel, vous pouvez l'aider à se poser des questions, à analyser une situation, à réaliser des graphiques ou des plannings, à établir des liens logiques entre divers éléments, etc.

- **Alphafun** : cette boule représente l'intelligence verbo-linguistique et donne la part belle aux mots et à l'art de les utiliser. Stimulez ce talent chez l'enfant en l'encourageant à créer des slogans, à imaginer des dialogues, à rechercher des mots-clés, à inventer des histoires, à créer des jeux de mots, etc.
- **Mélofun** : il représente l'intelligence musicale et rythmique de l'enfant. Vous pouvez enrichir ce potentiel en le faisant chanter sa leçon sur un air connu, en inventant une comptine sur la matière à étudier, en écoutant de la musique pour le calmer, en le motivant, en le dynamisant, etc.
- **Bodyfun** : il incarne l'intelligence kinesthésique telle que décrite par Howard Gardner. Pour alimenter cette forme d'intelligence, des exercices mettant en mouvement le corps seront particulièrement efficaces. Invitez l'enfant à penser avec les mains, à mimer, à jouer, à mettre en scène, à bouger et à utiliser son corps pour apprendre à travers des activités manuelles et physiques telles que le théâtre, la cuisine, le sport, la peinture, etc.
- **Funégo** : il coïncide avec l'intelligence intra-personnelle et se caractérise donc par une bonne connaissance de soi et par le besoin d'être au calme pour travailler correctement. Si l'enfant préfère être seul pour réfléchir et se concentrer, laissez-le faire et ne lui imposez pas votre présence. Proposez-lui également de se fixer des objectifs personnels.
- **Multifun** : il correspond à l'intelligence interpersonnelle et aux relations avec autrui. Pour développer ce potentiel social indispensable à la vie en communauté, proposez-lui de jouer ou d'expliquer une leçon à un autre enfant, de travailler en groupe et de partager le travail.
- **3Dfun** : représente l'intelligence spatiale. Aidez-le à affiner sa perception du monde à travers des gestes simples comme apprendre en couleurs, faire des dessins ou des *mind maps*, utiliser des images, des photos ou encore des films.

- **Vitafun** : il est l'homologue de l'intelligence naturaliste. Encouragez ce lien avec le monde et son environnement en étudiant à l'extérieur quand c'est possible, en l'instruisant lors d'une promenade en forêt ou au parc, en favorisant l'observation et le classement de la faune et flore locale, etc.

L'avantage de cette approche pédagogique est que les enfants peuvent rapidement s'identifier à ces boules d'énergie et qu'elles les aident à découvrir facilement leur intelligence prédominante. Ils en feront même des amis avec qui ils grandiront et évolueront et pourront aisément mettre des mots sur leurs affinités d'apprentissage : « mon Alphafun aime bien écrire des histoires », « mon Melofun est déjà bien gros, car j'adore danser et écouter de la musique » ou encore « je pense que ma force c'est Vitafun, parce que j'adore me promener dans la nature, ramasser des feuilles et être avec les animaux ».

En tant que parent, vous pouvez aussi utiliser les Octofun à des fins pédagogiques et questionner vos enfants en leur demandant par exemple : « quand développe-t-on son Funégo ? » ou « quand est-ce que son Multifun est accompli ? » Votre progéniture pourra facilement faire le lien avec ses différentes intelligences et vous répondra respectivement : « quand on réfléchit ou que l'on joue seul » et « quand on travaille avec ses copains et qu'on se fait des amis ».

Grâce à cette méthode, les enfants apprennent à se connaître dès leur plus jeune âge et à identifier leurs forces ainsi que leurs faiblesses. L'objectif de Françoise Roemers-Poumay est vraiment de leur montrer qu'ils possèdent tous en eux les huit boules d'énergie. Bien sûr, certaines sont plus ou moins développées, mais il est toujours possible de les faire évoluer. Lorsqu'une boule emmène l'autre dans la joie de l'apprentissage, ses propres forces s'en trouvent décuplées. Un lien affectif se crée très vite entre l'enfant et les Octofun, et le plaisir d'apprendre est là !

FAQ

MON ENFANT REFUSE DE SE RENDRE À L'ÉCOLE. COMMENT SAVOIR S'IL FAIT UN CAPRICE OU S'IL S'AGIT D'UN PROBLÈME PLUS SÉRIEUX ?

Comprendre pourquoi son enfant ne veut pas aller à l'école alors qu'il adorait cela auparavant n'est pas toujours facile. Les raisons sont multiples et variées. Dans un premier temps, observez son comportement. A-t-il changé drastiquement ces derniers temps ? Éprouve-t-il un réel mal-être à l'idée d'aller en classe ? Se plaint-il régulièrement de maux de ventre ou de tête, de nausées ? S'isole-t-il plus souvent, s'enferme-t-il dans un mutisme dès que vous abordez le sujet de l'école ?

Ensuite, essayez d'entamer un dialogue avec votre enfant et encouragez-le à vous parler, sans le juger. Apprenez à poser les bonnes questions. Si vous soupçonnez un système scolaire inadapté, demandez-lui s'il a du mal à suivre les cours, s'il comprend bien les leçons ou s'il se sent en décalage par rapport à ses camarades. Est-il suffisamment suivi par ses professeurs ou est-il livré à lui-même ? Encouragez-le à vous raconter une journée d'école, comment se déroule un cours, comment le professeur explique sa leçon, etc. Toutes ces informations glanées durant votre conversation vous aideront à comprendre si l'établissement scolaire correspond ou non aux besoins de votre enfant, s'il souffre d'un trouble de l'apprentissage, mais aussi à percevoir un possible mal-être lié à une mésentente avec ses camarades ou ses professeurs.

COMMENT SAVOIR SI MON ENFANT EST VICTIME DE HARCÈLEMENT ?

Observez son comportement et décelez tout changement inhabituel comme de fréquents maux de ventre ou de tête, des crises de larmes régulières, un repli sur soi, une perte d'appétit soudaine, etc. Soyez à son écoute et encouragez-le à parler de ses émotions et de ses angoisses sans en avoir honte. Vous pouvez lui poser des questions indirectes comme : « Comment cela se passe-t-il à l'école ? Tout va bien avec tes camarades et tes professeurs ? »

S'il est victime de harcèlement de la part de ses camarades, parlez-en immédiatement avec son professeur pour qu'il prenne les mesures adéquates et, si nécessaire, contactez le directeur de l'école. Si votre enfant est harcelé par un professeur, il aura plus de mal à vous en parler, car il aura peur que vous ne le croyiez pas. Il est alors d'autant plus important d'interpréter son langage corporel et de lire entre les lignes pour déceler un malaise sous-jacent. Est-il systématiquement malade le même jour ? Est-il régulièrement puni par le même professeur, et ce sans raison apparente ? Demandez à voir l'enseignant pour en discuter avec lui et faites confiance à votre instinct.

Quoi qu'il en soit, il est impératif de prendre des mesures rapidement pour ne pas laisser la situation dégénérer, car elle pourrait avoir des conséquences désastreuses sur la confiance en soi de votre enfant et sur son avenir.

MON ENFANT N'ARRIVE PAS À SUIVRE LE RYTHME DE SA CLASSE ET SEMBLE CONSTAMMENT DÉCONCENTRÉ. DOIS-JE CONSULTER UN SPÉCIALISTE ?

Il est possible que votre enfant souffre d'un trouble de l'apprentissage qui l'empêche de profiter pleinement de l'enseignement qui lui est prodigué. N'hésitez pas à consulter un neuropédiatre ou un pédopsychiatre qui pourra éventuellement diagnostiquer un TDA/H (« trouble déficitaire de l'attention et hyperactivité ») ou un autre trouble grâce à différents tests psychologiques, psychomoteurs, d'attention, etc. Il pourra ensuite vous proposer des solutions pour prendre en charge ces difficultés d'apprentissage et aider votre enfant à les gérer au quotidien.

Généralement, s'il présente un trouble de la lecture (dyslexie), du développement moteur (dyspraxie) ou oral (dysphasie), ou des difficultés à compter (dyscalculie), il vous dirigera vers un orthophoniste qui travaillera en collaboration avec votre enfant, au moyen de jeux et d'exercices simples, pour remédier ou atténuer ces troubles du langage.

En cas de TDA/H par contre, il conviendra de combiner plusieurs approches thérapeutiques, voire médicamenteuses dans certains cas, même si ces dernières ne sont pas toujours recommandées par les spécialistes en raison de leurs effets potentiellement néfastes sur le cerveau.

DEPUIS QUE MON ENFANT A SAUTÉ UNE CLASSE, IL NE SE SENT PAS À L'AISE À L'ÉCOLE. COMMENT L'EXPLIQUER ?

Si votre enfant est plus avancé que la moyenne sur le plan de l'apprentissage, gardez à l'esprit qu'émotionnellement et socialement, il ne l'est peut-être pas et ressent donc sans doute un décalage avec ces élèves plus âgés qu'il ne connaît pas. Se retrouver dans une nouvelle classe avec de nouveaux camarades peut s'avérer difficile à vivre. D'autant plus si ce changement s'est opéré en raison de facultés intellectuelles plus avancées. Les enfants sont parfois cruels entre eux et il leur arrive de stigmatiser ceux qui se montrent plus performants en classe. Restez vigilant à tout changement de comportement important et demandez-lui régulièrement comment se passent ses journées à l'école. Il sera peut-être nécessaire in fine de l'inscrire dans un établissement adapté à ses capacités au-dessus de la moyenne.

COMMENT TRANSFORMER LES DEVOIRS EN UN MOMENT PRIVILÉGIÉ ENTRE UN PARENT ET SON ENFANT ?

En mettant en place des méthodes pédagogiques ludiques et interactives qui lui fourniront une nouvelle façon d'apprendre, vous l'aiderez à mieux se connaître, lui donnerez le goût de l'apprentissage et confiance en lui. Participez activement à ses devoirs et laissez libre cours à votre imagination. Comment auriez-vous aimé apprendre vos leçons ?

Vous pouvez, par exemple, lui proposer d'étudier sa leçon d'histoire en la résumant grâce à une *mind map*. Cela lui permettra d'apprendre à dégager les idées principales du sujet traité tout en s'amusant à dessiner en couleurs un arbre et ses branches. S'il ne parvient pas à retenir un poème ou une fable, demandez-lui ce que ferait son Mélofun. Il l'apprendrait en chantant et en faisant quelques pas de danse ? Alors transformez son poème en chanson et encouragez votre enfant à réciter les vers sur un air musical.

L'important est d'apporter une touche de plaisir dans son apprentissage pour que votre enfant y voie un moment de partage et de jeu plutôt qu'un exercice intellectuel compliqué et rébarbatif. Veillez enfin à toujours rester positif et à féliciter votre enfant pour les efforts fournis et le travail accompli. Plus vous l'encouragerez et mettrez en avant ses réussites, plus il se sentira confiant et avide de connaissances.

Votre avis nous intéresse !

*Laissez un commentaire sur le site de votre libraire en ligne
et partagez vos coups de cœur sur les réseaux sociaux !*

POUR ALLER PLUS LOIN

SOURCES BIBLIOGRAPHIQUES

- « Le harcèlement en milieu scolaire », in *Eduscol education*, consulté en novembre 2015.
  http://eduscol.education.fr/cid55921/le-harcelement-en-milieu-scolaire.html
- « Qu'est-ce que le Brain Gym ? », in *Braingym.be*, consulté en octobre 2015.
  http://www.braingymbelgium.be/CMS/fr/qu-est-ce-que-le-braingym/
- « Troubles des apprentissages : les troubles "dys" », in *Inserm*, consulté en novembre 2015.
  http://www.inserm.fr/thematiques/neurosciences-sciences-cognitives-neurologie-psychiatrie/dossiers-d-information/troubles-des-apprentissages-les-troubles-dys
- AKOUN (Audrey) et PAILLEAU (Isabelle), *Apprendre autrement avec la pédagogie positive*, Paris, Eyrolles, 2013.
- BEN-SHAHAR (Tal), *Apprendre à être heureux*, Paris, Pocket, 2012.
- BEN-SHAHAR (Tal), *L'apprentissage du bonheur*, Paris, Pocket, 2011.
- Brower (Francine), *100 Ideas for Supporting Pupils on the Autistic Spectrum*, London, Continuum Publishing Corporation, 2007.
- BUZAN (Tony) et BUZAN (Barry), *Mind map, dessine-moi l'intelligence*, Paris, Eyrolles, 2012.
- DENNISON (Paul) et DENNISON (Gail), *Brain Gym. Le mouvement : clé de l'apprentissage*, Gap, Le Souffle d'Or, 2010.
- FRADIN (Jacques), *L'intelligence du stress*, Paris, Eyrolles, 2008.
- GABLE (Shelly) et HAIDT (Jonathan), « What (and why) is Ppositive Ppsychology ? », *Review of General Psychology*, n° 9, 2005, p. 103 110.

- KEYMEULEN (Renaud), *Vaincre ses difficultés scolaires grâce aux intelligences multiples*, Louvain-la-Neuve, De Boeck, 2013.
- MARGULIES (Nancy) et MAAL (Nusa), *Les cartes d'organisation d'idées. Une façon efficace de structurer sa pensée*, Montréal, Éditions de La Chenelière, 2005.
- ROEMERS-POUMAY (Françoise), « Les Octofun », in *Octofun*, consulté en octobre 2015.
  www.octofundotorg.wordpress.com
- SCHWENNICKE (Catherine) et DURRUTY (Brigitte), *Parent Zen*, Montréal, Éditions de l'Homme, 2014.
- SELIGMAN (Martin), *Pratiquer la psychologie positive au quotidien*, Paris, InterEditions, 2015.

SOURCES COMPLÉMENTAIRES

- « Institute of Neurocognitivism »
  www.neurocognitivism.be
- « Neuropédagogie.com. L'avenir en avance »
  www.neuropedagogie.com
- « Tony Buzan. Inventor of Mind Mapping »
  www.thinkbuzan.com

Éditeur responsable : Lemaitre Publishing
Avenue de la Couronne 382 | B-1050 Bruxelles
info@lemaitre-editions.com

ISBN ebook : 978-2-8062-6922-5
ISBN papier : 978-2-8062-6923-2
Dépôt légal : D/2016/12603/98
Photo de couverture : © Ilike - Fotolia.com.